Caillou MD

dort chez son ami

Adaptation : Éditions Chouette
Texte de Nicole Nadeau, tiré du dessin animé
Illustrations : CINAR Animation

Caillou est tout content. Il est invité à dormir chez son ami Léo. C'est la première fois qu'il dormira chez son ami. Il se précipite dans sa chambre pour préparer son sac à dos. Caillou ne veut rien oublier : ses dinosaures, son camion favori, sa belle épée de carton…

Lorsqu'ils sont prêts à partir, maman demande à Caillou s'il n'a rien oublié : ses vêtements, son pyjama, sa brosse à dents, son ourson…

– Mon ourson! s'écrie Caillou. Et il court dans sa chambre chercher Octave. Comment Caillou aurait-il pu dormir chez Léo sans son ourson préféré?

Pendant le trajet en voiture, Caillou parle sans
arrêt de son ami Léo. Chez Léo, il y a quelque
chose de merveilleux : une cabane dans un arbre.
Caillou et Léo y jouent ensemble très souvent.

À leur arrivée, Caillou est tellement pressé de retrouver son ami qu'il en oublie sa maman et ses bagages dans la voiture.

Aussitôt, les deux amis grimpent à l'échelle de l'arbre. Lorsqu'il est tout en haut, Caillou aperçoit sa maman, tenant son sac à dos et sa petite valise.

—Je dois partir maintenant, Caillou. Amusez-vous bien tous les deux et... à demain.

–À demain, maman ! répond Caillou en la
saluant de la main.
Puis, Caillou se remet à jouer avec son ami.
Caillou et Léo passent l'après-midi dans la
cabane.

L'heure du repas arrive. Caillou s'assoit à côté de son ami. Il regarde autour de la table. Il y a la maman de Léo, son papa et son grand frère. Tout le monde mange, mais Caillou, lui, n'a pas faim.

Sa famille commence
à lui manquer.
—Tu n'as pas faim,
Caillou? demande la
maman de Léo. Tu veux
faire la course avec Léo
pour voir qui arrive le
premier au dessert?
Caillou retrouve un peu
d'appétit, surtout pour
le dessert.

Le repas terminé, Caillou montre à Léo sa collection de dinosaures. Pendant qu'il joue, Caillou se sent mieux. Sa famille lui manque moins.

Mais c'est bientôt l'heure de se mettre au lit. Il faut arrêter de jouer, mettre son pyjama et se brosser les dents.

Mais Caillou aimerait plutôt rentrer chez lui
retrouver son lit, sa maman et son papa. Lorsque
la maman de Léo éteint la lumière, Caillou se met
à pleurer silencieusement. Il fait noir dans la
chambre. Il se sent très seul. La maman de Léo
vient border Caillou.
– Qu'est-ce qui ne va pas, Caillou ?
lui demande-t-elle doucement en le prenant dans
ses bras.

—Je veux maman… dit Caillou.

—Je comprends, Caillou. Tu n'as pas l'habitude de dormir loin de chez toi, dit la maman de Léo. Mais j'ai une bonne idée : nous allons téléphoner à ta maman !

Caillou se sent déjà un peu mieux à l'idée de parler avec sa maman.

—Maman…

—Je veux renter à la maison, dit Caillou d'une petite voix.

– … Et ton ourson Octave, est-ce qu'il veut rentrer à la maison, lui aussi ?

– Octave ! Caillou avait complètement oublié son ourson.

– Pauvre Octave ! Il doit se sentir bien seul au fond du sac. Lui qui voulait tellement dormir avec toi chez Léo !

En pensant à son ourson qui l'attend, Caillou n'a plus envie de rentrer à la maison. Il raccroche et part à la recherche d'Octave. Caillou attrape son sac à dos et plonge sa main tout au fond.

—Je l'ai trouvé !

Caillou serre très fort son ourson contre lui.

Maintenant Caillou est prêt à s'endormir avec Octave tout près de lui, bien au chaud.
Il embrasse son ourson et le borde... Et Caillou promet à Octave qu'il ne l'oubliera plus jamais.

Texte : adaptation du texte de Nicole Nadeau, d'après la série d'animation CAILLOU, produite par Divertissement Cookie Jar inc. (© 1997 Productions CINAR (2004) inc., filiale de Divertissement Cookie Jar inc.).
Tous droits réservés.
Scénario original : Matthew Cope
Illustrations : tirées de la série télévisée CAILLOU et adaptées par Les Studios de la Souris Mécanique
Direction artistique : Monique Dupras

Catalogage avant publication de Bibliothèque et Archives nationales du Québec et Bibliothèque et Archives Canada

Nadeau, Nicole, 1956-
Caillou dort chez son ami
Nouv. éd.
(Collection Sac à Dos)
Pour enfants de 3 ans et plus.

ISBN 978-2-89450-693-6

1. Autonomie (Psychologie) - Ouvrages pour la jeunesse. 2. Actualisation de soi - Ouvrages pour la jeunesse. I. Titre. II. Collection.

HQ781.5.N32 2008   j155.2'5   C2008-940925-6

Nous reconnaissons l'aide financière du gouvernement du Canada (Programme d'aide au développement de l'industrie de l'édition (PADIÉ)) et du gouvernement du Québec (Programme de crédit d'impôt pour l'édition de livres (Gestion Sodec)) pour nos activités d'édition.

Imprimé en Chine
10 9 8 7 6 5 4 3 2 1